Fue un viaje difícil

original story by:
Jennifer Degenhardt

written in the past tense by:
José Salazar

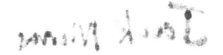

Though based on a story told to the author, the characters are fictitious. Incidents are the products of the author's imagination. Any resemblance to actual persons is purely coincidental.

The immigrant journey to the United States and the struggles experienced however, are very real.

For all of the Guatemalans who make their
way to the United States.

ÍNDICE

Capítulo 1 - José 1

Capítulo 2 - Esmilda 4

Capítulo 3 - José 6

Capítulo 4 - Esmilda 10

Capítulo 5 - José 14

Capítulo 6 - Esmilda 17

Capítulo 7 - José 19

Capítulo 8 - Esmilda 22

Capítulo 9 - José 25

Capítulo 10 - Esmilda   28

Capítulo 11 - José   31

Capítulo 12 - Esmilda   33

Capítulo 13 - José   37

Capítulo 14 - Esmilda   40

Capítulo 15 - José   42

Capítulo 16 - Esmilda   45

Capítulo 17 - José   46

Glosario   49

AGRADECIMIENTOS

Mil gracias to José Salazar whose idea it was to change up the narration of this story from present to the past tense. And further gratitude for Señor Salazar's work in making it happen. I'm delighted for the collaboration.

Thank you, too, to Keyun (Coco) Xiao for the beautiful artwork on the front cover. You can read more about this talented artist in the back of this book.

Capítulo 1
José

Eran las diez de la noche cuando llegué a mi casa del trabajo. Tengo una familia maravillosa; tres hijos, dos hijas y un hijo, y una esposa. Los niños estaban durmiendo y Esmilda, mi esposa, estaba en la cocina. Ella estaba preparando los frijoles para mañana.

Cuando entré en la casa, saludé a mi esposa.

–Hola amor. ¿Cómo estás?
–Hola José. Fue un día largo para ti. ¿Quieres comer?
–Sí. Gracias.

Normalmente trabajaba catorce horas al día, desde las ocho de la mañana hasta las diez de la noche. Tenía dos trabajos. Durante el día trabajaba en una fábrica pequeña de cuero muy cerca de la casa. Y por la noche era taxista privado. Yo usaba el carro de mi hermano para llevar turistas y otras personas a lugares diferentes.

Mi familia necesitaba el dinero de los dos trabajos. Los tres niños estaban en la escuela y necesitaban materiales escolares. La verdad era que mi salario de la fábrica no era suficiente, y por eso tenía que trabajar de chofer por la noche.

Esmilda me sirvió un caldo, una sopa deliciosa que ella preparó. Luego me dijo que había un problema con la lavadora.

—José, la lavadora no funciona.
—¿Qué pasó? –le pregunté.
—No sé. Pero ya no lava la ropa bien.
—Está bien.
—Tú sabes que la lavadora es necesaria para mi trabajo.
—Sí, Esmilda. Lo sé.

Este problema con la lavadora no era nada nuevo. Y yo sabía muy bien que mi esposa la necesitaba para su trabajo. Esmilda era muy trabajadora, además de cuidar nuestra casa, ella también trabajaba para una familia estadounidense que tenía una casa en el pueblo. Ella limpiaba la casa y a veces preparaba la comida para ellos. Esmilda también lavaba ropa para otras familias que no tenían lavadora. Como yo, mi esposa tenía dos trabajos. Con cuatro trabajos a veces el dinero no era suficiente. No éramos una familia rica. Éramos humildes. Pero la vida era muy difícil, especialmente ahora con este problema nuevo con la lavadora.

Los problemas económicos no solo eran de nuestra familia. Había muchas familias en Guatemala que sufrían como nosotros. El país no es muy rico.

Yo le dije a Esmilda —Mañana es domingo. Después de ir a la iglesia con la familia, voy a tratar de reparar la máquina.

—Gracias, José.

Capítulo 2
Esmilda

El domingo era mi día favorito en el pueblo. Vivía en Pastores, Guatemala con mi familia: mi esposo, José, y mis tres hijos, Carla, Yolanda y Miguel. Las chicas tenían 8 y 7, y mi Miguelito tenía 5 años. Mi familia era mi vida.

Esta mañana, como todos los domingos, fuimos a la iglesia. Caminamos ocho cuadras a la plaza central dónde estaba la iglesia, una estructura de color amarillo. El pueblo tenía una población de más o menos 14.000 personas y los domingos mucha gente estaba en la plaza. El domingo era el día para descansar. Las personas que no eran religiosas paseaban en la plaza, hablaban con otras o simplemente pasaban el tiempo con familia y amigos. Todos tenían algo que hacer, pero nadie estaba apurado. Era maravilloso.

—Familia, ¿están listos todos? Vamos a salir ahora —les dije a José y a los patojos.

Todos los chicos gritaron, –Sí, mami.

Antes de salir de la casa, José tomó su sombrero. Era un sombrero que lleva todos los días. Esta mañana, miré a mi esposo. Él siempre estaba cansado de trabajar muchas horas, pero esta mañana sus ojos estaban cansados también.

Estaba muy preocupado. Estaba preocupado por la lavadora, pero estaba preocupado por el problema de dinero. No había suficiente para la familia. Él siempre decía, «Cuando hay, hay. Cuando no hay, no hay» cuando se refería al dinero. Ahora, y en los últimos seis meses, no había suficiente dinero en nuestra casa.

–Esmilda– José me dijo–. No sé qué vamos a hacer si no puedo reparar la máquina. Siempre hemos tenido problemas con esa lavadora.

–José, no te preocupes. Todo va a estar bien. Hablamos después de la misa –le respondí. Tomé su brazo y caminamos a la iglesia.

Capítulo 3
José

Esta mañana me sentí muy cansado. Después de la iglesia regresamos a la casa para comer desayuno chapín. El desayuno chapín es una comida guatemalteca que nuestra familia comía todos los domingos. Claro que comíamos frijoles, pero también comíamos arroz, chile, queso fresco, aguacate y huevos revueltos. La comida no estaba completa sin unas tortillas frescas que preparaba mi esposa. Las tortillas eran mis favoritas. Ahora que mis hijas están grandes, Esmilda les enseña a hacer tortillas también.

Después de comer, trabajé por seis horas en la lavadora, pero todavía no funciona. Tuve que pedir ayuda a los muchachos en la fábrica.

—Esmi, voy a salir ahora. Voy para la fábrica —le dije a mi esposa.
—Está bien. Aquí tienes algo para comer. Te amo, José. Todo va a estar bien –me dijo Esmilda.

Caminé cinco minutos a la fábrica de cuero. Era un negocio pequeño de la familia, pero era el único de la familia que trabajaba allí. Yo trabajaba con dos trabajadores más, nosotros hacíamos botas del famoso cuero de nuestra región.

Entré en la fábrica. Enrique, uno de los trabajadores, estaba en su mesa. Él era un buen trabajador.

—Buenos días, Enrique. ¿Cómo estás?
—Buenos días, don José. Estoy bien, gracias a Dios. ¿Y usted?
—Estoy bien. Gracias —le respondí.
—Don José, ¿hay más cuero para las botas nuevas que vamos a hacer? –me preguntó.
—No, Enrique. Todavía no tenemos cuero. Voy a hablar con mi hermano.

Mi hermano Luis era la persona que compraba los materiales que necesitábamos en la fábrica. Lo llamé por teléfono.

—Hola Luis. Te habla José.
—José, hermano. ¿Cómo estás?

—Luis, ¿compraste el cuero que necesitamos?

—Hermano, no. No lo pude comprar. No había dinero para comprar más cuero.

—Luis, sin materiales, no podemos hacer botas. Si no hay trabajo para los muchachos, la fábrica tiene que cerrar.

—Sí José. Es un problema para todos —me dijo mi hermano.

—Luis. No entiendes. Tengo problemas de dinero. Mi salario de la fábrica no es suficiente para mi familia y ahora la lavadora no funciona. Necesito más dinero.

—Lo siento, José. ¿Qué piensas hacer?

—Luis, estoy pensando en ir a los Estados Unidos. Al Norte. ¿Conoces a alguien allá?

—Ay, José. Ese viaje es muy largo y peligroso. No debes hacerlo.

—Pero, Luis, en los Estados Unidos puedo ganar más dinero. Voy a hablar con Esmilda acerca del viaje.

—Está bien, hermano. Yo te puedo ayudar con algo de dinero para el viaje. También voy a contactar a mi amigo en California. Él te puede ayudar.

—Gracias, Luis. También ¿puedes cuidar a mi familia?

–Claro. Sin duda.

–Gracias, hermano.

Después de hablar con mi hermano, decidí ir a los Estados Unidos en busca de oportunidades.

Capítulo 4
Esmilda

Estábamos en la cocina después de comer la cena. Estábamos solo mis hijos y yo porque José tuvo que trabajar esta noche. Unos turistas necesitaban ir al aeropuerto y José tuvo que llevarlos.

—Mami –dijo Carla, mi hija mayor–. ¿Por qué tengo que hacer mi tarea? No me gusta.
—Hija, ya sabes que la educación es importante y hacer la tarea es parte de aprender.
—Está bien. Pero no me gusta.

Yolanda estaba en la mesa con su hermana. Ella no tenía tarea, pero pretendía hacer «tarea» como Carla.

Carla empezó otra vez. –Mami, necesito ir a la papelería para comprar materiales escolares.
—¿Y para qué necesitas materiales? Ya tienes lápices, marcadores y una regla.

—La profesora dijo que necesitamos papel especial para un proyecto que tenemos que hacer —dijo Carla.

Yo le respondí a mi hija con una voz enojada —¿Por qué mencionas esto ahora? ¿Para cuándo necesitas los materiales?
—No sé, mami. Hablamos del proyecto hoy en la escuela.

No estaba enojada, sino preocupada. La verdad era que no teníamos dinero extra para esos materiales y Miguelito necesitaba zapatos nuevos. Y ahora que la lavadora no funcionaba, no podía ganar ese dinero extra. Era difícil la situación. José estaba muy preocupado también.

José llegó a casa. Mi hijo estaba en su cama, pero las niñas todavía estaban en la cocina y estuvieron muy contentas de ver a su papá esta noche.

—Hola, papi —le dijeron, y le dieron un abrazo.
—Hola mis hijas. ¿Cómo están? ¿Qué hacen ustedes? —preguntó José.

—Carla y yo hacemos la tarea —dijo Yolanda.
—Yoli, tú no haces tarea. Dibujas nada más. No es tarea —dijo Carla, siempre la hermana mayor.
—Está bien, Carla. Yolanda hace tarea también —le dije a mi hija.

Fui a la estufa para traer la cena para mi esposo. José no dijo nada mientras comía. Tenía mucha hambre. Yo mandé a las chicas al baño. —¡Dientes! —les dije.

José terminó de comer, limpió su plato en la pila y regresó a la mesa.

—Esmilda, tenemos que hablar. Esta familia necesita más dinero. El salario de mis dos trabajos no es suficiente.
—Sí, José. Lo sé. Estoy preocupada también. ¿Qué hacemos?
—Estoy pensando en ir a los Estados Unidos —me dijo.
—Pero, José. ¿Cómo? ¿Cómo vas a ir? ¿Qué hacemos nosotros aquí? —le pregunté.
—Esmi, Luis nos va a ayudar con todo.
—José, no me gusta tu plan. Tú necesitas estar con tu familia.

—Quiero estar con mi familia. Prefiero estar con mi familia. Pero la verdad es que puedo ganar más en los Estados Unidos y les puedo mandar dinero desde allá.

Yo quise quejarme, pero sabía que era la mejor opción para la familia.

—¿Cuándo piensas irte?
—En tres días.

Capítulo 5
José

Esta noche llegué temprano a casa directamente de la fábrica. Después de la cena Esmilda y yo vamos a decirles a nuestros hijos sobre mi viaje a los Estados Unidos. Las chicas van a estar tristes y Miguelito también, aunque no va a entender mucho.

Esmilda estaba en la cocina preparando la comida mientras los chicos jugaban afuera. Todo parecía normal, aunque no lo era. Mañana muy temprano voy a salir de mi casa y voy a dejar mi vida en Pastores por mucho tiempo. Este viaje era necesario. Mi familia necesitaba el dinero que yo podía ganar trabajando en los Estados Unidos.

Pensaba llegar a San Francisco. Tenía unos amigos de Pastores que vivían allí. Ellos me dijeron que el viaje era muy difícil, especialmente el viaje por México. Necesitaba solo una mochila porque no era buena idea llevar muchas cosas. Iba a empacar otro pantalón, una camisa, dinero (dólares) y una foto de la familia. Los trabajadores en la fábrica me regalaron un par de botas nuevas. Estaba listo.

¿Listo? ¿Para viajar casi 4.000 kilómetros? Solo conocía Pastores. No tenía mucha experiencia fuera del departamento de Sacatepéquez, y no conocía nada fuera de Guatemala. Iba a necesitar mucha suerte para este viaje.

Esmilda llamó a la familia, —Familia, ¡a comer!

Los chicos corrieron. Tenían mucha hambre como siempre.

Mi esposa gritó otra vez, —¡Manos!

Ella siempre necesitaba recordarles que lavarse las manos era muy importante.

Después de comer, les dije a Carla, a Yolanda y a Miguelito sobre el viaje. Las chicas no dijeron nada. Pero Miguelito preguntó. Fue evidente que no entendió bien. —Papi, ¿cuándo vamos? —dijo.

—No, hijo. Voy solo. Tú vas a quedarte con tu mami y con tus hermanas.

—Pero, no, papi. Quiero ir contigo.

Miguelito se puso a llorar.

—No es posible, Miguelito. Papi necesita ir solo. Pero voy a llamar por teléfono para hablar con ustedes.

Normalmente, Carla no para de hablar. Pero esta noche, solo tuvo una pregunta.

—Papi, ¿cuándo vas a regresar?

—No sé, hija. No sé.

Capítulo 6
Esmilda

Fue muy difícil cuando José salió de la casa para hacer el viaje. Unas amigas me contaron que el viaje por México era muy peligroso. Estaba preocupada por mi esposo y por mi familia también.

La vida que teníamos aquí en Pastores era una vida buena, pero era difícil. José trabajaba mucho en la fábrica y como chofer para su hermano. Pero aún así no teníamos suficiente dinero - no para cosas extras como comprar nuevas cortinas, ni salir a un restaurante casual, como El Pollo Campero. Sólo había dinero para la comida y los materiales necesarios para los chicos.

No sabía qué íbamos a hacer sin los dos salarios de mi esposo cuando esté en los Estados Unidos. José mencionó que Luis nos iba a ayudar, pero no quería ser un problema para él. Luis tenía su familia también.

Estaba preocupada por otra razón también. Tenía un dolor horrible en el estómago. No le quise mencionar a José antes de su viaje. Pero iba a ir al médico la próxima semana.

Capítulo 7
José

El viaje hasta Estados Unidos fue arduo. Primero caminé por los montes en mi país y luego tuve que caminar mucho más para llegar al Río Usumacinta. Tuve que cruzar este río para llegar a Chiapas, México.

Cuando llegué a Chiapas, tuve que caminar tres días más para llegar a la estación del tren y tomar el tren que viajaba hacia la parte norte de México. Por suerte, en el camino me encontré con dos hermanos mexicanos que hacían el viaje, igual que yo.

–Hola, 'mano. Soy Ricardo y este es mi hermano, Geraldo.
–Hola. ¿Adónde van? –les pregunté
–Vamos a Arriaga para tomar el tren. Vamos pa' el Norte –dijo Ricardo.
–Yo también. No pude ganar suficiente dinero en Guatemala -les dije.
–Ay, 'mano. No menciones que eres chapín, que eres de Guatemala. La policía mexicana se porta muy mal con los

migrantes centroamericanos —me dijo Geraldo.

—Sí —dijo Ricardo—. Necesitas decir que eres de aquí de Chiapas. Y mi hermano y yo vamos a enseñarte el himno nacional mexicano como prueba que eres mexicano, si la policía te para.

Y desde ese día, Ricardo, Geraldo y yo viajamos juntos. Llegamos a Arriaga en dos días cansados y con mucha hambre. Encontramos un albergue en el pueblo que ayudaba a los inmigrantes que pasaban por allí.

Pasamos dos días y dos noches en el albergue. Nosotros descansamos y comimos bien. La gente que trabajaba en el albergue era muy simpática.

El último día en el albergue Ricardo dijo —Esta noche vamos a tomar el tren.

Este era el segundo viaje de Ricardo a los Estados Unidos. Él dijo que era necesario tomar el tren por la noche. Había menos policía a esa hora.

Los hermanos y yo subimos al tren, La Bestia, sin problemas. Tuvimos que subir hasta la parte de arriba. No entramos en el tren porque era un tren de carga y era difícil entrar en los vagones.

Viajamos por tres días encima del tren. Llevábamos agua con nosotros, pero no teníamos mucha comida. Y no teníamos dinero para comprar comida. Pero, ¡qué suerte! Pasamos por unos pueblos pequeños y las personas nos tiraron comida y agua. Me impresionó mucho porque estas personas eran pobres y no tenían mucho, pero ayudaban a los inmigrantes que viajaban encima del tren.

—José —me dijo Ricardo—. No hablas mucho.
—Ay, 'mano. No he visto a mi familia por diez días. Es mucho tiempo. Pienso en ellos.
–Entiendo perfectamente. Es difícil dejar a la familia. Cuéntame de ellos —me dijo Ricardo.

Entonces por dos horas o más, los tres hablamos de nuestras familias.

Capítulo 8
Esmilda

José salió de la casa hacía diez días. Era mucho tiempo de estar separados. La vida continuaba aquí en Pastores. Me levantaba cada día con los patojos. Ellos se preparaban para ir a la escuela y yo limpiaba la casa de la familia estadounidense antes de ir a la fábrica. Por la tarde trabajaba con los muchachos en la fábrica. Cortaba el cuero y ellos hacían las botas. No ganaba mucho dinero, pero con el dinero que ganaba limpiando la casa, era suficiente.

Una mañana antes de la escuela Miguelito me preguntó –Mami, ¿cuándo llega Papi a la casa?

–Oh, Miguelito, mijo. Papi viajó a los Estados Unidos. No va a regresar por mucho tiempo –le contesté.

–¿Cuánto tiempo? –dijo Miguelito.

–Hijos, vengan. Necesito explicarles sobre el viaje de su papá –les dije a mis hijos–. Papi viajó al Norte y no va a regresar por mucho tiempo. Viajó a buscar oportunidades para la familia.

Yolanda interrumpió –Entonces ¿vamos a ir a los Estados Unidos también? Si Papi trabaja allí, nosotros debemos estar con él.

–Yoli, es la verdad. Debemos estar con papi, pero no es posible. Ese país está muy lejos de Guatemala. Además, papi necesitó ir porque la familia necesita el dinero que va a ganar allá.

Ahora Carla dijo –¿Por qué necesitamos dinero? Papi trabaja mucho y tú también. Tenemos dinero. ¡Él no necesitó irse!

Traté de calmar a mis hijos. –Hijos, no se preocupen. Papi va a regresar cuando gane suficiente dinero para la familia. Ustedes saben que él los ama mucho y yo también. Nosotros queremos lo mejor para esta familia. Ahora, vamos a la escuela.

Sabía que a mis hijos no les gustó la explicación que les di porque su papá no estaba en casa, pero bueno... Ellos necesitaban llegar a la escuela a tiempo y hoy yo tuve que ir temprano a la fábrica porque tenía una cita con el médico al mediodía. El estómago todavía me dolía. Me dolía mucho.

Capítulo 9
José

Viajar en la Bestia fue muy difícil y peligroso. Era casi imposible para las personas débiles. Tuve mucha suerte de viajar con Ricardo y Geraldo; amigos que me ayudaron durante el viaje.

En el viaje vimos a muchas personas desafortunadas encima del tren. Había bandidos que subían al tren y robaban a las personas. También había personas que trataban de cruzar de un vagón a otro y se caían. Era horroroso escuchar los gritos de las personas al caerse.

Durante el viaje pensaba mucho en mi familia. Prefería estar en Pastores con mi esposa y mis hijos.

No los había visto por casi tres semanas.

El viaje en la Bestia fue largo. Subimos al tren por primera vez en Arriaga, llegamos a Orizaba y después a Lechería. Esa parte duró siete días. La parte más larga del viaje, de Lechería a Chihuahua, duró casi dos semanas. Finalmente llegamos a Chihuahua, pero en la parada del tren estaba la policía. Había muchos policías armados.

—Bájense del tren —nos dijeron—. Todos los que son centroamericanos tienen que venir con nosotros. Saben que ustedes están en México ilegalmente.

—¿Qué hago? —le pregunté a Ricardo. Ricardo conocía bien las leyes de México porque era mexicano y conocía el viaje en tren porque viajó antes. —Pienso en correr de la policía, pero no sé...

Ricardo me contestó, —José, no debes correr. Necesitas ir con la policía. Ellos te van a hacer preguntas, pero no te van a detener.

—¿Por qué no? –le pregunté.

—Esos hombres de la policía no ganan mucho dinero tampoco. Ellos quieren dinero. Vas a tener que darles una mordida y no vas a tener más problemas —me dijo Ricardo.

—Me pareció buena idea, pero no tengo dinero —le dije.

—Toma este dinero. Ricardo me dio dinero para darle la mordida a la policía.

—Grac... No puedo aceptar... ¿Qué puedo decirte...? —traté de darle las gracias.

—Por nada, hombre. Tú eres una buena persona. Suerte 'mano. Nos vemos en los Estados Unidos —me dijo Ricardo.

—Gracias. Mil gracias a ustedes.

Les di la mano y un abrazo fuerte a mis dos amigos mexicanos. Fueron muy buenos conmigo.

Capítulo 10
Esmilda

Después de dejar a los niños en la escuela caminé cuatro cuadras a la fábrica. Caminé con dificultad porque el estómago todavía me dolía mucho. Entré por la puerta y saludé a los muchachos.

—Buenos días muchachos. ¿Cómo están…? No completé la pregunta porque me caí al suelo. El dolor era horrible.
—Señora ¿está bien? —me preguntó Bartolomé, uno de los muchachos.
—No. Estoy muy mal. ¿Puedes llamar al médico?
—Sí señora. Ahorita.

Bartolomé corrió al teléfono y llamó al médico.

El otro muchacho, Walter, fue a llamar un taxi. Bartolomé me ayudó a entrar en el taxi y él y yo fuimos al hospital.

*****

Llegamos al hospital y entramos a la sala de emergencia. Bartolomé le explicó al enfermero que tenía mucho dolor en el estómago.

—Vengan ustedes al salón número 3. La médica va a entrar en un momento.
—Gracias —dijo Bartolomé al enfermero.

Bartolomé me ayudó a acostarme en la camita.

—Gracias, Bartolomé. Tú eres muy buena persona.

—Señora, no se preocupe.

La médica entró en el cuarto y después de decirnos su nombre, ella me examinó. Me tocó el abdomen y me tomó la temperatura. Tenía fiebre.

La médica me dijo —Señora, usted tiene una infección. Necesita ser operada. Ahora.

Traté de protestar —Pero, necesito cuidar a mis hijos. Y no tengo dinero para...

No terminé la frase porque en ese momento me desmayé. Bartolomé me dijo después de la operación.

Capítulo 11
José

Los policías me hicieron preguntas. Con los consejos que aprendí de Ricardo y Geraldo, yo les dije el nombre de mi pueblo en México y otra información de mi «vida mexicana». No fue necesario cantar el himno nacional, pero sí fue necesario dar una mordida como se dice en México. Pero no les di todo mi dinero.

Al final, un agente me dijo –Realmente yo no creo que usted sea mexicano. Pero pienso que usted es una persona buena. Usted puede continuar en busca de su sueño.

Yo no supe qué decir, y sólo le dije «Gracias, señor» y me fui.

En la ciudad, busqué un albergue para migrantes. En el albergue yo pude comer y dormir por varios días antes de subir al tren otra vez para llegar a Ciudad Juárez, la frontera con los Estados Unidos.

Los Estados Unidos. No lo podía creer. Mi viaje duró más de tres semanas y estaba muy cansado. El problema era que no tenía mucho dinero, y después de la experiencia con la policía, quería hablar con Esmilda.

Busqué un teléfono público y llamé a mi esposa en Guatemala...

Capítulo 12
Esmilda

Ahora estaba en casa después de tres días en el hospital. Luis y su familia me ayudaron mucho a cuidar a los niños y con dinero también. Pero la verdad era que Carla y Yolanda eran muy responsables y ayudaron mucho en la casa. Carla cocinó y Yolanda limpió la casa. Miguelito no ayudó mucho pero tampoco causó problemas.

Todas las personas del vecindario me ayudaron también. Un vecino reparó la lavadora, otra preparó comida y otra llevó los niños a la escuela. Estaba muy feliz que no necesité preocuparme tanto. Necesitaba descansar unos días más porque quería regresar a la fábrica pronto. También necesitaba lavar más ropa para los vecinos. Necesitábamos el dinero.

Una mañana, la vecina vino a la casa para acompañar a Carla, a Yolanda y a Miguelito a la escuela.

—Hola, Rosario —le saludé—. Muy buenos días.

Rosario me respondió —Buenos días, Esmilda. ¿Cómo estás? ¿Cómo está el estómago?

—Ay, Rosario, estoy mucho mejor. Pero, tengo un poco de dolor todavía. Quiero regresar al trabajo -le contesté.

—Entiendo muy bien, pero es necesario descansar —me dijo.

En ese momento grité a mis hijos —Yolanda, Carla, Miguelito... ¿Están listos para ir a la escuela con Rosario?

Mis hijos vinieron a la cocina, listos para salir. Son muy buenos.

—Sí, mami. Vamos a la escuela —me dijo Yolanda.

—Yoli, saluda a doña Rosario, por favor -le dije.

—Lo siento. Buenos días, doña Rosario. ¿Cómo está usted?

—Hola Yolanda. Estoy bien. ¿Estás lista? — Rosario le preguntó a mi hija.

—Sí, todos estamos listos. Vamos.

Mis hijos me besaron y uno tras otro salieron de la casa con Rosario.

La puerta se cerraba, cuando el teléfono sonó.

—¿Hola?

—Hola, Esmilda. Soy yo, José.

¡Me llamó mi esposo! ¡Estaba tan feliz de escuchar su voz!

—Hola, mi amor. ¿Cómo estás? —le pregunté.

—Esmi, te he extrañado mucho —José me dijo.

—Sí, José. Te he extrañado también. ¿Dónde estás ahora?

—Estoy en Ciudad Juárez en la frontera con los Estados Unidos. Estoy muy cansado -

José me dijo–. Esta noche voy a cruzar la frontera con un grupo.

–Cuidado, José –le dije a mi esposo.

–Sí, Esmilda. ¿Cómo estás tú? –me preguntó José.

De repente la llamada se cortó y José no habló más. No pude contarle sobre mi estómago y la operación. Tal vez era mejor que no supiera.

Era verdad que estaba mejor físicamente, pero estaba triste también. La vida era difícil.

Capítulo 13
José

Después de dos días en el albergue donde descansé y comí, estaba listo para cruzar la frontera por primera vez. En el albergue conocí a un grupo de inmigrantes que iban a cruzar en la noche.

El grupo era pequeño: dos amigos hondureños, un hombre nicaragüense y su hijo adolescente, y una mujer mexicana y su hija discapacitada. La chica usaba muletas para caminar. En una conversación con la mujer, me contó su historia.

Le dije –Este viaje tiene que ser muy difícil para ti con tu hija.
–Sí. Es muy duro. Pero el viaje es necesario. Necesito llegar a los Estados Unidos con mi hija para que ella pueda ser operada de espalda.

–Entiendo perfectamente. Hay muchas oportunidades en el Norte, ¿no?
–Es la verdad –la mujer me respondió.

*****

Era de noche. Caminamos en ropa oscura a la cerca que estaba en la frontera entre México y los Estados Unidos. Una mujer dijo que había una parte de la cerca que estaba rota donde podíamos pasar al otro lado.

Éramos un grupo pequeño, pero con la chica discapacitada, era difícil caminar rápido. Llegamos a la cerca a la parte abierta y los hondureños pasaron primero, luego el adolescente nicaragüense. Ellos tres pasaron la cerca y el papá del adolescente y yo ayudamos a la mujer y a su hija, y luego cruzamos nosotros también.

No teníamos coyote, o sea un guía, para ayudarnos. Tuvimos que caminar por dos horas en el monte en las afueras de El Paso, Texas. Estábamos muy felices de estar en los Estados Unidos, pero estábamos muy cansados también.

Paramos a descansar cuando vimos una camioneta de la patrulla fronteriza estadounidense.

Los hondureños corrieron y también el papá y su hijo. La mujer me miró y empezó a llorar. En ese instante yo corrí directamente a la patrulla fronteriza con las manos arriba.

Capítulo 14
Esmilda

Era domingo en Pastores. Era mi día favorito de la semana porque era un día de descanso. Como siempre, todas las personas del pueblo estaban en la plaza central. Mi estómago estaba bien, pero todavía estaba cansada. Me senté en una banca y miré a la gente.

En la plaza había mucha gente. Había un grupo de estudiantes con uniformes. Ellos eran de una escuela de inglés cerca de Pastores. Estaban en la plaza para hablar con los turistas, para practicar su inglés. También había lustradores: chicos que limpian zapatos y botas por unos cuantos quetzales. También vi a mujeres en *traje*. El traje es ropa típica de las mujeres indígenas en Guatemala. El traje tiene tres partes: una falda que se llama *corte*, una blusa que se llama *huipil* y un cincho que se llama *faja*. Los colores del traje guatemalteco son multicolores y son diferentes en cada región del país. Aunque mi familia no es indígena y yo no llevo traje, me encanta esta parte de la cultura de mi país.

Además de estar cansada físicamente, también estaba cansada emocionalmente y mentalmente. No tenía noticias de José por casi una semana. Y no lo había visto por un mes. José tenía planes de ir a San Francisco para trabajar con sus amigos de Pastores allí. ¿Pero iba a llegar a San Francisco? ¿Cuándo?

Capítulo 15
José

La patrulla fronteriza me deportó a Nogales, México. Pero con suerte, solo perdí dos días. El tercer día estaba en el mercado y conocí a un hombre que se llamaba Gerardo Quiroz. Este hombre era coyote y me dijo que me podía ayudar a cruzar la frontera.

—José, ¿adónde vas en los Estados Unidos?
—Pues, tengo planes de llegar a San Francisco.

Tengo unos amigos de mi pueblo que están allí.

—Qué bien que tienes amigos. ¿Estás listo para cruzar? Vamos a cruzar esta noche.
—Sí, señor. Estoy listo.
—No vamos a cruzar por la cerca. Vamos por los montes.
—Está bien. Usted es el experto.

A las nueve de la noche, sin la luz de la luna, Gerardo y yo cruzamos la frontera y caminamos por los montes de Arizona. Después de dos horas de caminar, paramos detrás de un cacto saguaro. Comimos pan y tomamos agua de la botella que llevábamos.

—Hermano —me dijo Gerardo —la vida en los Estados Unidos es muy difícil para los hispanos indocumentados. ¿Sabes?
—Así me contaron, Gerardo —yo le respondí
— Pero necesito ganar más pisto, o sea, más dinero, para mi familia.
—Si hombre, entiendo. Es una vida difícil, me imagino. Es difícil ganar dólares.

Gerardo sacó una moneda de su bolsillo. Era una moneda estadounidense de 25 centavos.

—Mira esta monedita. Me la dio un amigo que vive allá. Siempre la tengo como un recuerdo. Es un *quarter* —me dijo.

Miré la moneda de 25 centavos. ¿Cuántas de estas necesito para tener suficiente dinero para mi familia?

Gerardo me dijo –Tómala. Es para ti. Úsala para recordarte de mí.

Tomé la moneda y la puse en mi bolsillo. –Gracias, hombre.

*****

Caminamos en la oscuridad y llegamos a Tucson en un día y medio. En Tucson le di las gracias a Gerardo y fui directamente al aeropuerto para comprar un boleto de avión a San Francisco.

Tuve mucha suerte que muchas personas hablaban español en el aeropuerto porque yo no hablaba mucho inglés. Vi a muchas familias allí. Ellas estaban viajando a muchos lugares. Pensaba en mi familia y cómo la extrañaba. Esmilda, Carla, Yolanda y Miguelito. Quería estar con ellos. Pero necesitaba abordar el avión para ir a trabajar a San Francisco.

Capítulo 16
Esmilda

Eran casi dos meses sin José. La vida parecía ser normal, pero era un normal nuevo. Los patojos asistían a la escuela durante la semana, yo trabajaba en la fábrica y todos nosotros íbamos a la iglesia los domingos para rezar por mi esposo. Mis hijos estaban bien porque eran chicos muy buenos, pero extrañaban a su papá. Ellos ya casi no me preguntaban por José. Sabía que era muy fuerte y que podía mantener a la familia sola, pero la vida era mejor cuando todos nosotros estábamos juntos.

¿Está bien José? me preguntaba. Esperaba que sí.

Capítulo 17
José

Por suerte tenía suficiente dinero para comprar el pasaje de Tucson a San Francisco. No podía creer que estaba en los Estados Unidos. Sin importarme, abordé el avión con la ropa sucia que llevaba.

Tenía muchísima hambre. No había comido por tres días. El asistente de vuelo pasó por el pasillo con comida, pero sólo tenía esa moneda de 25 centavos. No tenía suficiente para comprar nada. El estómago me dolía, pero me dormí por una hora y media hasta que el avión llegó a la ciudad de San Francisco.

Desembarqué del avión y salí del aeropuerto. Afuera hacía un frío increíble. La ciudad, que vi desde la ventanilla del avión, parecía enorme.

Me sentí perdido. En San Francisco no había gente que hablaba español. No como en Tucson. Salí de la terminal y no supe qué hacer. Para protegerme del frío, metí las manos en mis bolsillos. Toqué la moneda de 25 centavos; el *quarter* que me regaló el coyote. Caminé a un teléfono público para llamar a mis amigos chapines que vivían aquí.

—Hola. ¿Jesús? Te habla, José. Sí. Sí. Estoy en el aeropuerto.

Jesús vino a recogerme al aeropuerto. Mientras esperaba a Jesús, pensaba en el viaje tan difícil que tuve que hacer para llegar aquí. Me sentía bien y yo sabía que aquí en los Estados Unidos podía ganar el pisto necesario para mi familia.

Jesús llegó al aeropuerto con otros amigos chapines. Todos me dieron la mano y un abrazo, y me felicitaron.

Antes de subir a la camioneta, yo les pedí algo.

—Me gustaría llamar a la casa en Pastores. ¿Me prestan dinero?
Jesús respondió —Claro, José. Toma este dinero. Llama.

Caminé otra vez al teléfono público y marqué el número de teléfono de mi casa.

—Hola, Esmilda. Soy José. Estoy bien. Llegué.

GLOSARIO

A

abierta - open
abordar - to board
abordé - I boarded
abrazo - I hug, hug
aceptar - to accept
acerca - about
acompañar - to accompany
acostarme – to lie down
además - besides
adónde - where
aeropuerto - airport
afuera - outside
afueras - outskirts
agua - water
aguacate - avocado
ahora - now
ahorita - right now
albergue - shelter
algo - something
alguien - someone
allá/allí - there
ama - s/he loves
amiga/o(s) - friend(s)
amo - I love
amor - love

antes - before
años - years
aprender - to learn
aprendí - I learned
apurado - hurried
aquí - here
arduo - arduous, difficult
armados - armed
arriba - above
arroz - rice
asistían - they attended
así - so
aún - even
aunque - though
avión - plane
ayuda - s/he, it helps
ayudaba - I, s/he helped
ayudaban - they helped
ayudamos - we help(ed)
ayudar(nos) - to help (us)
ayudaron - they helped

ayudó - s/he, it helped

B

bájense - get down
banca - bench
bandidos - bandits
baño - bathroom
besaron - they kissed
bestia - beast
La Bestia - the Beast; name given to the cargo train upon which immigrants ride to travel through Mexico
blusa - blouse
boleto - ticket
bolsillo(s) - pocket(s)
botas - boots
botella - bottle
brazo - arm
busca - s/he looks for
buscar - to look for
busqué - I looked for

C

cacto - cactus
cada - each
caerse - to fall
caldo - broth
calmar - to calm
cama - bed
caminamos - we walk(ed)
caminar - to walk
camino - path, way
caminé - I walked
camioneta - truck
camisa - shirt
camita - cot
cansada/o(s) - tired
cantar - to sing
carga - cargo
carro - car
casa - house
casi - almost
catorce - fourteen
causó - s/he caused
(me) caí - I fell
(se) caían - they fell
cena - dinner
centavos - cents
centroamericanos- Central Americans
cerca - close, fence

cerraba - s/he, it closed

cerrar - to close

chapines - nickname for Guatemalans

chapín - Guatemalan

chile - chili pepper

chofer - driver

cincho - belt

cinco - five

cita - appointment

ciudad - city

claro - of course

cocina - kitchen

cocinó - s/he cooked

comer - to eat

comida - food

(había) comido - I had eaten

comimos - we ate

como - like, as

completa - like, as

completé - I completed

compraba - I, s/he bought

comprar - to buy

compraste - you bought

comí - I ate

comía - I, s/he ate

comíamos - we ate

cómo - how

conmigo - with me

conoces - you know

conocí - I met

conocía - I, s/he knew

consejos - advice

contactar - to contact

contarle - to tell him/her

contaron - they told

contentas - happy

contesté - I answered

contestó - s/he answered

contigo - with you

continuaba - I, s/he continued

continuar - to continue

contó - s/he told

conversación - conversation

correr - to run

corrieron - they ran

corrió - s/he ran

corrí - I ran

cortaba - I, s/he cut

corte - skirt that the indigenous Guatemalan women wear

cortinas - curtains

cortó - s/he cut

cosas - things

coyote - human smuggler

creer - to believe

creo - I believe

cruzamos - we cross(ed)

cruzar - to cross

cuadras - city blocks

cuando/cuándo - when

cuánta/o(s) - how much, many

cuarto - room

cuatro - four

cuéntame - tell me

cuero - leather

cuidado - careful

cuidar - to take care of

D

dar(le/s) - to give him/her/them

debemos - we must

debes - you must

débiles - weak

decidí - I decided

decir - to say, tell

decirles/nos/te - to tell them/us/you

decía - I, s/he said

dejar - to leave behind

departamento - department; the equivalent of a state in Guatemala

deportó - it deported

desafortunadas - unfortunate

desayuno - breakfast

descansamos - we rest(ed)

descansar - to rest

descanso - I rest

descansé - I rested

desde - from, since

desembarqué - I disembarked

(me) desmayé – I fainted
después – after
detener – to detain
detrás – behind
di – I gave
día(s) – day(s)
dibujas – you draw
dice – s/he says
dientes – teeth
dieron – they gave
diez – ten
dificultad – difficulty
difícil – difficult
dije – I said
dijeron – they said
dijo – s/he, it said
dinero – money
dio – s/he, it gave
dios – god
directamente – directly
discapacitada – disabled
dólares – dollars
dolor – pain
dolía – it hurt
domingo(s) – Sunday(s)
don – title of respect used with a man

doña – title of respect used with a woman
donde/dónde – where
dormir – to sleep
dormí – I slept
dos – two
duda – s/he, it doubts
durante – during
durmiendo – sleeping
duro – difficult, challenging
duró – it took, lasted

E
emocionalmente – emotionally
empacar – to pack
empezó – s/he, it started
encanta – it is really pleasing to
encima – on top of
encontramos – we find, found
encontré – I found
enfermero – nurse
enojada – angry

enorme - enormous
enseña - s/he teaches
enseñarte - to teach you
entender - to understand
entendió - I understood
entiendes - you understand
entiendo - I understand
entonces - then
entramos - we enter(ed)
entrar - to enter
entre - between
entré - I entered
entró - s/he entered
era - I, s/he was
éramos - we were
eran - they were
eres - you are
es - s/he, it is
esa/e/o - that
escolares - school (adj.)
escuchar - to listen to
escuela - school
esos - those

espalda - back
especialmente - especially
esperaba - I, s/he hoped, waited for
esposa - wife
esposo - husband
esta/e/o - this
está - s/he, it is
estaba - s/he, it was
estábamos - we were
estaban - they were
están - they are
estación - station
Estados Unidos - United States
estadounidense - United Statesian
estamos - we are
estar - to be
estas/os - these
estás - you are
esté - I am, s/he is
estómago - stomach
estoy - I am
estructura - structure

estudiantes - students

estufa - stove

estuvieron - they were

examinó - s/he examined

explicación - explanation

explicarles - to explain to them

explicó - he explained

extrañaba - I, s/he missed

extrañaban - they missed

(he) extrañado - I have missed

F

fábrica - factory

faja - belt that the indigenous women wear

falda - skirt

felices - happy

felicitaron - they congratulated

feliz - happy

fiebre - fever

finalmente - finally

físicamente - physically

frase - phrase, sentence

fresca/o(s) - fresh, cool

frijoles - beans

(patrulla) fronteriza - border patrol

frío - cold

fue - s/he it went, was

fuera - outside

fueron - they went

fuerte - strong

fui - I went

fuimos - we went

funciona - it works

funcionaba - it worked

G

ganaba - s/he earned

ganan - they earn

ganar - to earn

gane - I, s/he earn/s

gente - people

grandes - big

gritaron - they yelled

gritos - yells
grité - I yelled
gritó - s/he yelled
guatemalteca/o - Guatemalan
guía - guide
gusta - it is pleasing to
gustaría - it would be pleasing to
gusto - it was pleasing to

H
había - there was, were
habla - s/he speaks
hablaba - I, s/he spoke
hablaban - they spoke
hablamos - we speak, spoke
hablar - to speak
hablas - you speak
habló - s/he spoke
hace - s/he, it does, makes
hacemos - we do, make
hacen - they do, make

hacer(lo) - to do, make (it)
haces - you do, make
hacia - toward
hacía - I, s/he did
hacíamos - we did
hacían - they did
hago - I do
hambre - hunger
hasta - until
hay - there is, are
he - I have (aux. verb)
hemos - we have (aux. verb)
hermana(s) - sister(s)
hermano(s) - brother(s), siblings
hicieron - they did made
hija(s) - daughter(s)
hijo(s) - son(s), children
himno - hymn, anthem
hispanos - Hispanic
historia - story
hombre(s) - man, men

hondureños - Honduran
hora(s) - hour(s)
horroroso - horrific
hoy - today
huevos - eggs
huipil - blouse worn by indigenous women in Guatemala
humildes - humble

I
iba - I, s/he went
íbamos - we went
iban - they went
iglesia - church
igual - equal
ilegalmente - illegally
(me) imagino - I imagine
importarme - to matter to me
impresionó - it impressed
increíble - incredible
indocumentados - undocumented

indígena(s) - indigenous
inglés - English
interrumpió - s/he, it interrupted
ir, irse, irte - to go

J
jugaban - they played
juntos - together

L
lado - side
lápices - pencils
larga/o - long
lava - s/he, it washes
lavaba - I, s/he washed
lavadora - washing machine
lavar - to wash
lavarse - to wash
lejos - far
(me) levantaba - I got up
leyes - laws
limpiaba - I, s/he cleaned
limpian - they clean

limpiando - cleaning
limpió - s/he cleaned
lista/o(s) - ready
llama - s/he, it calls
llamaba - I, s/he called
llamada - call
llamar - to call
llamé - I called
llamó - s/he called
llega - s/he arrives
llegamos - we arrive(d)
llegar - to arrive
llegué - I arrived
llegó - s/he arrived
lleva - s/he wears
llevaba - s/he wore, carried
llevar - to wear, carry
llevarlos - to take them
llevo - I wear
llevábamos - we carried
llevó - s/he took
llorar - to cry
luego - later
lugares - places

luna - moon
lustradores - shoeshines
luz - light

M

mal - badly
mandar - to send
mandé - I sent
mano(s) - hand(s)
mantener - to maintain
máquina - machine
maravillosa/o - marvelous
marcadores - markers
marqué - I dialed
más - more
mayor - older
mañana - tomorrow, morning
médica/o - doctor
media/o - half
mediodía - noon
mejor - better
mencionar - to mention
mencionas - you mention
menciones - you mention

mencionó - s/he mentioned
menos - less
mentalmente - mentally
mercado - market
mes(es) - month(s)
mesa - table
metí - I put
mexicana/o(s) - Mexican
mí - me
mientras - while
mijo - my son
mil - thousand
mira - s/he looks at
mire - I watched
miró - s/he watched
misa - mass (church service)
mochila - backpack
moneda/monedita - coin
monte(s) - mountain(s)
mordida - bribe
muchacho(s) - guy(s)
muchísima - a LOT
mujer(es) - woman(en)
muletas - crutches

N

nada - nothing
nadie - no one
necesita - s/he, it needs
necesitaba - I, s/he needed
necesitaban - they needed
necesitamos - we need(ed)
necesitar - to need
necesitas - you need
necesito - I need
necesitábamos - we needed
necesité - I needed
necesitó - s/he needed
negocio - business
ni - neither, nor
niñas(os) - young girls, boys
noche(s) - night(s)
nombre - name
normalmente - normally
norte - north
noticias - we
nuestra/o(s) - our
nueva/o(s) - new
nueve - nine

número - number

O
ocho - eight
ojos - eyes
operada - operated (on)
oportunidades - opportunidades
oscura - dark
oscuridad - darkness
otra/o(s) - other

P
pan - bread
pantalón - pants
papelería - stationery stor
par - pair
parada - stop
paramos - we stop(ped)
pareció - s/he, it seemed
parecía - s/he, it seemed
pasaban - they passed
pasaje - ticket
pasamos - we spent
pasar - to pass, spend

pasaron - they spent
paseaban - they strolled
pasillo - hallway
paso - I spend
pasó - s/he spent
patrulla - patrol
país - country
pedir - to ask for
pedí - I asked for
peligroso - dangerous
pensaba - I, s/he thought
pensando - thinking
pequeña/o(s) - small
perdido - lost
perdí - I lost
perfectamente - perfectly
piensas - you think
pienso - I think
población - population
pobres - poor
poco - few, little
podemos - we are able
podia - I, s/he was able

podíamos - we were able

pollo - chicken

(se) porta - s/he behaves

practicar - to practice

prefería - I, s/he preferred

prefiero - I prefer

pregunta - s/he asks

preguntaba - I, s/he asked

preguntaban - they asked

preguntas - questions

pregunté - I asked

preguntó - s/he asked

preocupada/o - worried

preocuparme - to worry

preocupe - I, s/he worry(ies)

preocupen - they worry

preocupes - you worry

preparaba - I, s/he prepared

preparaban - they prepared

preparando - preparing

prepare - s/he prepared

prestan - they pay (attention)

pretendía - s/he pretended

primera/o - first

privado - private

pronto - soon

protegerme - to protect

protestar - to protest

proyecto - project

prueba - test

próxima - next

pude - I was able

pueblo(s) – town(s)

pueda - I, s/he is able

puede - s/he is able

puedes - you are able

puedo - you are able

puerta - door

pues - then

puse - I put
puso - s/he put

Q

que - that
qué - what
quedarte - to stay
quejarme - to complain
queremos – we want
quería - I, s/he wanted
queso - cheese
quieren - they want
quieres - you want
quiero - I want
quise - I wanted

R

razón - reason
realmente - really
recogerme - to pick me up
recordarles/te - to remind them/you
recuerdo - souvenir
refería - I, s/he referred
regalaron - they gifted

regaló - s/he gifted
regla - rule
regresamos - we return(ed)
regresar - to return
regresó - s/he returned
reparar - to repair
reparó - he repaired
(de) repente - suddenly
respondió - s/he responded
respondí - I responded
revueltos - scrambled
rezar - to pray
rica/o - rich
robaban - they stole
ropa - clothing
rota - broken

S

saben - they know
sabes - you know
sabía - I, s/he knew
sacó - s/he took out
saguaro - type of cactus

sala - living room
salieron - they left
salir - to leave
salió - s/he left
saluda - s/he
    greets
saludé - I greeted
salí - I left
salón - room
sé - I know
sea - I am, s/he is
segundo - second
seis - six
semana(s) -
    week(s)
(me) senté - I sat
(me) sentí - I felt
sentía - I, s/he felt
ser - to be
si - if
siempre - always
(lo) siento - I'm
    sorry
siete - seven
simplemente -
    simply
simpática - nice
sin - without
sino - but
sirvió - s/he served
sobre - about
sola/o - alone
sólo - only

sombrero - hat
son - they
sonó - it rang
sopa - soup
soy - I am
subimos - we
    climbed on
subir - to climb on
subían - they
    climbed on
sucia - dirty
suelo - ground
suerte - luck
sueño - dream
sufrían - they
    suffered
supe - I knew,
    found out
supiera - I, s/he
    knew

T
tal - such
tampoco - either
tan - so
tanto - so much
tarde - afternoon
tarea - homework
taxista - taxi driver
temprano - early
temenos - we have
tener - to have
tengo - I have

tenido - had
tenía - I, s/he had
teníamos - we had
tenían - they had
tercer - third
terminé - I finished
terminó - s/he, it finished
tiempo - time
tiene - s/he, it has
tienen - they have
tienes - you have
tiraron - they threw
tocó - s/he touched
toda/o(s) - all
todavía - still, yet
toma - s/he, it takes
tómala - take it
tomamos - we take, took
tomar - to take
tomé - I took
tomó - s/he, it took
toqué - I touched
trabaja - s/he works
trabajaba - I, s/he worked
trabajador/a - hardworking

trabajadores - workers
trabajando - working
trabajar - to work
trabajo - I work
trabajos - jobs
trabajé - I worked
traer - to bring
traje - I brought
tras - across
trataban - they treated
tartar - to treat
traté - I treated
tren - train
tres - three
triste(s) - sad
tuve - I had
tuvimos - we had
tuvo - s/he, it had

U
ultimo(s) - last
único - only
usaba - I, s/he used
úsala - use it

V
va - s/he, it goes
vagones - train cars
vamos - we go
van - they go

vas - you go
veces - times, instances
vecina/o(s) - neighbor(s)
vecindario - neighborhood
vemos - we see
vengan - come
venir - to come
ventanilla - \ window
ver - to see
verdad - truth
vez - time, instance
vi - I saw
viajaba - I, s/he traveled
viajaban - they traveled
viajamos - we travel(ed)
viajando - traveling
viajar - to travel

viaje - trip
viajó - s/he traveled
vida - life
vimos - we saw
vinieron - they came
vino - s/he came
visto - seen
vive - s/he lives
vivía - I, s/he lived
vivían - they lived
voy - I go
voz - voice
vuelo - flight

Y
ya - already

Z
zapatos - shoes

ABOUT THE AUTHOR

Jennifer Degenhardt taught high school Spanish for over 20 years and now teaches at the college level. At the time she realized her own high school students, many of whom had learning challenges, acquired language best through stories, so she began to write ones that she thought would appeal to them. She has been writing ever since.

Other titles by Jen Degenhardt available on Amazon:

La chica nueva | La Nouvelle Fille | The New Girl
La chica nueva (the ancillary/workbook
volume, Kindle book, audiobook)
Chuchotenango
El jersey | The Jersey | *Le Maillot*
La mochila | The Backpack
Moviendo montañas
La vida es complicada
Quince
El viaje difícil | *Un Voyage Difficile* | A Difficult Journey
La niñera
Fue un viaje difícil
Con (un poco de) ayuda de mis amigos
La última prueba
Los tres amigos | Three Friends | *Drei Freunde* | *Les
Trois Amis*
María María: un cuento de un huracán | María María:
A Story of a Storm | Maria Maria: un histoire d'un
orage
Debido a la tormenta
La lucha de la vida | The Fight of His Life
Secretos
Como vuela la pelota

 @JenniferDegenh1

@jendegenhardt9

@puenteslanguage &
World LanguageTeaching Stories (group)

Visit www.puenteslanguage.com to sign up to receive information on new releases and other events.

Check out all titles as ebooks with audio on www.digilangua.co.

ABOUT THE ILLUSTRATOR

Keyun (Coco) Xiao is a student from the Orange County School of the Arts ('25) who is passionate about art and design. She had won several art awards such as 2nd place OC Fair Imaginology in both 2018 and 2019 and 3rd place in 2020 "The Bird Nest's Cup"(2020"鸟巢杯"全国青少年冰雪文化艺术). She also recently started a youtube channel under the name of "milkbubble" where she hopes to make to others' day a little better by doing what she loves.